AF140533

Denkanstößiges
Aphorismen-Sammlung

von
Herbert Piltz

Frankfurt im Januar 2014

Herstellung und Verlag:
BoD - Books on Demand, Norderstedt
ISBN 978-3-7322-8925-7

Inhalt:

Vorwort   5

Einleitung   7

Aphorismen I   11

Aphorismen II   41

Aphorismen III   101

Vorwort:

Im Folgenden fasse ich meine Aphorismenbände :
"Bedenkliches","Denkanstößiges" und "Denkwürdiges"
in e i n e m Band zusammen.

Anfangs schöpfte ich aus dem Fundus meiner
Tagebücher, die ich seit meinem 19.Lebensjahr
mehr sporadisch, denn kontinuierlich, verfaßte.

Später sammelte ich dann bewußter Sinnhaftigkeiten,
so geschehen, wenn ich z, B. auf Wortverdichtungen,
mittels der Sprache stieß, die meiner Meinung
entsprachen,oder ich schuf selbst passende
Wortgebilde.

Dem Leser wünsche ich Kurzweil, die auch ruhig
einmal zum Nachdenken führen mag, denn, wie
einer meiner Aphorismen schon lautet :
"Intelligenz ist, wenn man trotzdem denkt!"

Herbert Piltz

Einleitung:

Um dem Phänomen **"Aphorismus"** (griech. "aphorismos": etwas schlagartig Beleuchtetes) gerecht werden zu können, liegt es nahe, zunächst einen Blick auf Geschichte, Inhalte, Formen und die Schöpfer (Aphoristiker) dieser literarischen Gattung zu werfen.

Die Bezeichnung Aphorismus umfaßt Sprüche, Betrachtungen, Erfahrungen, Beiträge, Gedanken, Fragmente. Chinesische und japanische Gedichte haben oft die klassische knappe aphoristische Form eines Einfalls, einer Stimmung von Gesehenem, Gefühltem und Gedachtem. Das fundamentale Kriterium für die Geburt von Aphorismen ist die Gestaltung im Aufleben neuer *Blickweisen*.

Der Aphoristiker **Heraklit** versuchte in seiner Deutung das damals herrschende *sensualistisch gerichtete Weltbild* seiner Epoche weltanschlicher Mythenbildungen, durch die auf abstraktes Denken begründete Philosophie des *"Logos"*, des kritischen Verstandes, abzulösen. Neros Erzieher **Seneca** suchte seinen Freunden und Trostsuchenden in aphoristisch gehaltenen Briefen und Reden die Grundzüge seiner Lebensauffassung darzulegen. Ein späterer Verfechter der gleichen Postulate war der feinsinnige Stoiker **Marc Aurel**. In seinen *"Selbstbetrachtungen"* trennt er zugleich diese von der herkömmlichen Schulphilosophie.

Der *europäische Aphorismus* entstand im Frankreich des 16. und 17. Jahrhunderts aus schriftlicher Niederlegung von Formulierungen und Gesprächen in vornehmen Salons, in denen geistige Unterhaltung und Austausch als Gesellschaftsspiel betrieben wurde.

In der *Renaissance* griff man auf die antike Form der Aphoristik in der Kurzform des "Epigrams" zurück, um die damalige geistige Haltung zu kommentieren und zu vermitteln. Man bediente sich des unerschöpflichen Fundus' der antiken Philosophen und begründete gleichzeitig jene reiche Anthologie-Literatur, die bis in die Gegenwart hineinreicht.

Die *äußere Form* der Anthologie ist in allen europäischen
Kulturen die Gleiche:
Eine mehr oder minder große Anzahl von antiken, oft auch
biblischen Sprüchen, Sentenzen und geflügelten Worten
wird in Vers und Prosa in die moderne Sprache übersetzt
und somit zum weiteren Nachdenken dargeboten.

Bei **Montaigne**, der in seinen "Essays" (1580) zum ersten
Mal den Mut fand, individuelle Weltauffassung in eigene
Worte zu kleiden, fanden sich die Wurzeln seines Denkens
dennoch vornehmlich bei Plutarch und Seneca.
Zunächst stand das *"Zitat"* im Mittelpunkt der "Nach"-
betrachtung.

Erst bei **La Rochefoucauld** folgte ein weiterer Schritt in
Richtung reinem Aphorismus.
Zunächst ließ La Rochefoucauld die zitierte
Moralphilosophie eines Seneca kaum variiert!
Erst seine späteren Schriften enthüllten das
individualistische Element seiner Aphoristik und machten
ihn somit zum Begründer des modernen Aphorismus.
Die Werke von La Rochefoucauld und dessen Nachfolgern
(zum Beispiel La Bruyère) wurden um 1699 schon ins
Deutsche übersetzt.

Die Anfänge der deutschen aphoristischen Literatur des
18. Jahrhunderts waren aus sehr heterogener Sphäre
erwachsen und vereinigten sich in betont philosophischer
Haltung mit starker Neigung zur Dialektik.

Aphoristische Grundhaltung findet man im Werke von **Carl
Philipp Moritz**, der auf die Zufriedenheit und
Glückseligkeit als Dauerzustand einging.
Moritz' Zeitgenosse und Mitautor **C.F. Pockels** belebte die
Teilformen des Aphorismus z. B. durch die witzige und
antithetische Diktion und die seltene singuläre
"Metapher".

Johann Caspar Lavater gelang der Durchbruch zu einem
Gepräge von Kurzaphorismen mit "Schlagwortcharakter".
Der Stil war beherrscht von rhetorischen Elementen. In
mannigfachen Abwandlungen fanden sich Responsionen von
Satzteilen und Ausdrucksformen.

Das spezifisch aphoristische Ausdrucksmittel der *Klimaxbildung* verschaffte zahlreichen Aphorismen jene *nachdrückliche Wirkung* und führte zur kunstvollen aphoristischen Kettenform. Spielerische Zuspitzung der Wortkunst zur Inversion ganzer Sätze fügte **Lavater** dem Schatz seiner Prosaformen bei.

Konsequenter noch umging **Georg Christoph Lichtenberg** die Regeln der Antike, im Ansatzpunkt den Romantikern gleich, indem er längere zunächst ungeordnet hervorgebrachte Prosatexte aus seinen sogenannten *"Sudelbüchern"* (dem heutigen Tagebuch vergleichbar) zum Weiterdenken anlegte und somit der persönlichen Reflexion - in Offenheit und Ungebundenheit - einen größeren Spielraum bot.

Entsprechend der abstrakten Natur des Denkers Lichtenberg nahm die Metaphorik in seinen Aphorismen einen größeren Raum ein.

Die hier aufgezeigte historische Entwicklung des Aphorismus stellt sich in ihrem Kern als ein Heranreifen der Gattung von *formalistischem Epigonentums (Nachfolgeschaft)* bis hin zur inneren und äußeren *Verselbständigung* dar.[4]

(Auszug aus germanistischem Sachbuch)

9

A P H O R I S M E N I

Sammle das Reisig des Augenblicks,
und es wird für ein Feuer des Lebens reichen.
(1) H.P.

Die allerletzte Wahrheit ist
oft nur die Lüge!
(2) H.P.

"Du bist ein Mensch,
das sind nur Leute!"
(3) Werner Enke "Wenn Katelbach kommt", ARD 29.11.94

Träume nicht dein Leben, sondern
lebe deine Träume!
(4) Zit.

Die großen Gesten sind nur Schein,
das echte Handeln ist das Sein.
(5) H.P.

Musik legitimiert sich (und das Leben)
durch ihre Existenz selbst!
(6) Zu Pavarotti, ZDF 22.11.94

Gott gibt dir die
Antworten für Fragen,
die du nie erfragen solltest!
(7) H.P.

Wissen ist Macht,
zu viel Wissen ist Ohnmacht.
(8) H.P.

"Es ist alles sooo
philosophie-schwanger,
wann gebiert mein Geist endlich
die Wahrheit?!!"
(9) H.P.

Zu viel Liebe tötet,
zu wenig Liebe tötet auch.
(10) H.P.

Die Wahrheit ist immer
und überall!
(11) H.P.

Nur die wirklich Leidenden
können auch das wirkliche Glück erfahren!
(12) H.P.

Glück bekommt man geschenkt,
man hat es nicht verdient.
(13) Zit.

"Teile deine Begabungen und Talente mit anderen."
(14) Jesus von Nazareth in der Bibel

Der Exzentriker: kindlich naiver Mensch,
hat Sinn für den Mythos des Lebens.
(Chaplin, Einstein etc.)
(15) H.P.

Alles hat seine Zeit,
auch die Zeit hat die ihre!
(16) H.P.

Männer wollen nicht lieben –
Männer wollen siegen!
(17) Zit.

Jede Sekunde ist
ein Tropfen im Meer deines Lebens.
(18) H.P.

Schweigen ist
angewandte Intelligenz.
(19) Film:Transatlantis

Wenn ich tot bin,
träume ich, daß ich lebe!
(20) Kindermund

Man muß Profil zeigen,
sonst wirft man keinen Schatten.
(21) H.P.

Man kriegt nie alles,
aber man kriegt alles zurück.
(22) Film:Freundinnen, ZDF 9.2.1995

Anteil nimmt man nicht,
Anteil hat man.
(23) Zit.

Leid ist Arbeit!
(24) H.P.

Gehe den Weg des Widerstandes,
dann spürst du, daß du lebst!
(25) H.P.

Der ewige Mensch –
das zum Menschen degradierte Tier!
(26) H.P.

Der *helle* Wahnsinn ist
immer noch besser als
die *dunkle* Normalität.
(27) H.P.

Kunst hilft mit,
das Gleichgewicht zwischen
Gut und Böse zu erhalten!
(28) H.P.

Die unbändige Lust daran,
die Wahrheit zu sagen!
(29) H.P.

Findest du *IN* dir
nicht die *WEITE*,
hilft dir auch die *weite* Welt nichts.
(30) H.P.

Ein Mann kämpft immer für das,
was er nicht hat!
(31) H.P.

Nur der kann König werden,
der einmal Narr war!
(32) Schneewittchen, ZDF 26.12.1994

Ausrede Langschläfer:
"Was kann ich denn dafür,
wenn ich so *langsam* schlafe?"
(33) Ohnsorg-Theater, ARD 1.1.1995

16

Das Leben ist tot -
es lebe das Leben.
(34) H.P.

Lebe gefährlich oder
du lebst gar nicht.
(35) F. Nietzsche

Auch Gott ist Physik!
(36) H.P.

Frauen hängen am Alltag,
Männer am Augenblick.
(37) H.P.

Wie soll ich einem Blinden
den Sonnenschein beschreiben?
(38) H.P.

Seitdem ich nicht mehr trinke,
werden meine Witze immer trockener.
(39) Satire H.P.

Denk *"prozesse"* sind nicht zu verlieren!
(40) Zit. von "Demo-Oma" in ZDF-Umschau, ARD 6.9.1993

Liebe ist der *"gelebte"* Tod.
(41) H.P.

Die wahre Größe hat
der Schein des Seins,
nicht das Sein des Scheins!
(42) H.P.

Carpe diem -
nutze den Tag!
(43) Zit.

Die ewigen *"Kindmenschen"* (Hesse):

Sie suchen das *"Findenmüssen"*,
vergessen dabei, daß man nur findet,
wenn man NICHT sucht....!
(44) H.P.

"Die Menschen und das Universum
sind nur ein flüchtiger Gedanke Gottes!"
(45) Port. Spielfilm, ARD

So absurd das auch klingen mag:
Wir haben den Militarismus im Laufe der
Menschheitsgeschichte immer mehr "zivilisiert".
(46) H.P.

Neugierige Menschen sind dies nur,
weil sie ängstlich sind und fragen,
was *dahinter* stecken könnte.
(47) H.P.

Man muß das Wunder auch wollen!
(48) H.P.

Man soll mit seinen Talenten wuchern und
sie nicht vergraben.
(49) Chin. Weisheit

Die Erkenntnis tötet die Liebe -
halte die Erkenntnis nieder!
(50) C.F. v. Weizsäcker

"Kreuzzüge" fahren von Gleis 3 ab.
(51) Satire H.P.

Freiheit ist auch,
der Sprache Freiheit zu verleihen:
Freie Sprache→ Freie Seele→
innere, wie äußere Freiheit!
(52) H.P.

Frauen sind dazu da, geliebt,
nicht verstanden zu werden.
(53) Oscar Wilde

Neonazis!
Mit dem Rückwärtsgang in die Zukunft.
(54) H.P.

Glück ist auch
das Betrachten fremden Elends.
(55) Geschichtl. Weisheit H.P.

Der Junge Mensch will in die Welt!?
Der Weise sitzt am Fenster und
sieht die *ganze* Welt.
(56) H.P.

Wenn du einen Schmetterling findest,
eingeschlossen in einem Raum,
lasse ihn sogleich frei,
es wird dir Glück bringen!
(57) frei nach Zit. H.P.

Männer neigen zum Abstrakten -
Frauen zum Konkreten!
(58) H.P.

"Man muß das ganze Leben lernen zu sterben".
(59) röm. Philosoph Seneca

Schauspieler sind nur Arbeiter!
Sie erarbeiten ein *"synthetisches"* Leben!
(Kunst = *künstlich*)
(60) H.P.

Ein jegliches Ding hat seine Zeit (z.B. Geschichte)
Eine jegliche Zeit hat sein Ding (z.B. Mode).
(61) H.P.

"Jedermann erfindet sich eine Geschichte,
die er nachher für sein Leben hält".
(62) Max Frisch

"Gönne dich dir selbst!"
(63) Bernhard v. Clervaux

Zum Trost für die Faulen unter uns:
"Wenn du deine Tätigkeiten einschränkst, ist es gut"!
(64) Jesus im Buch Sirach (Bibel)

Schönheit ist eigentlich
die Abweichung von der Norm.
(65) nach einer Studie eines engl. Instituts

Wenn Frauen die Offenbarung der
sieben Geheimnisse des Mannes *suchen*,
finden sie sich oft selbst.
(66) (Bartoks "Blaubart") H.P.

Arzneimittelhinweis (satirisch verändert!):
"Bei den riesigen Nebenwirkungen fragen sie nicht lange
und
verpassen sie ihrem Arzt oder Apotheker eine Packung!"
(67) H.P.

"Wir haben die Kunst,
um die Welt ertragen zu können!"
(68) Will Quadflieg, ZDF 21.7.94

Da es eigentlich keine *Ideale* auf Erden gibt,
gibt es *die Liebe!*
(69) H.P.

Man hält mich oft für ein "Ass",
aber ich bin leider nur ein "Herzbube"!
(70) H.P.

Gute Freunde sind das Wertvollste,
was ein Mensch besitzen kann!
(71) H.P.

- AI - Anonyme Intellektuelle
......ja, ja - ich gebe es zu,
ich habe ein Buch gelesen....!
(72) (Satire) H.P.

Geistdimension!

Die Dimension *"Zeit"* ist *"wahr"*scheinlich eine
vorübergehende Er*schei*nung!
Der Geist ist ewig, wobei der Terminus *"ewig"* schon
wieder aus dem Begrifflichen der Zeitbezogenheit stammt
(ewig, ohne Zeitbegrenzung).
Man kann sagen, der Geist, die *"ewige"* uns umgebende
"Suppe", das *"Allmeer"* überhaupt, ist zeitungebunden.
Durch das Erwachen, das Einschleifen von Materie
(Urknall→ Materie zeitabhängig→ vergänglich) taucht die
Dimension Geist nur das eine oder andere Mal sozusagen
als Knospe auf der Spitze von Materieentwicklungen auf
(Menschlicher Geist z. B.).

21

Es gibt dann Austausch zum Urgeist dieser Geistesknospen
- zu ihm hin (Abgabe an den Äther, Gedanken etc.) und von
ihm her (ein Anzapfen in Inspirationen, Eingebungen,
Geistesblitzen, Träumen etc.). Der Geist ist ewig, ist
zeitbezogen -
also falsch, der Geist in SEINER Dimension IST
lediglich!!
(73) H.P.

Lachen ist
der Gesang der Seele
(74) Chin. Weisheit

Alle denken an sich,
nur ich denke an mich!
(75) H.P.

Frei nach "Stille Tage in Clichy"
(Henry Miller)
- Schrille Tage im Klischee -
(Karneval)
(76) H.P.

Intelligenz ist,
wenn man trotzdem denkt.
(77) H.P.

Wenn man kämpft,
kann man verlieren -
wenn man nicht kämpft,
hat man schon verloren!
(78) Weiser Spruch

Ein Mann, der Glück will
sei anspruchs- und bedürfnisfrei!
(79) H.P.

Intelligenz ist nicht aus ihr zu denken,
sondern aus ihr zu handeln.
(80) H.P.

Ich habe meine Zukunft schon hinter mir...!?
(81) H.P.

Das "Jetzt" ist meine Vergangenheit,
die Erinnerung ist das wahre Paradies!!
(82) H.P.

"Auch zuviel Philosophie kann tötlich sein!"
(83) Pfarrer Kämpfert, ZDF, "Mit Leib und Seele"

Der wahre Reichtum ist die Armut an Bedürfnissen!
(84) Klaus Werfel

Mit zuviel Literatur tötet man das Denken!
(85) H.P.

Zur Relativität des Glücklichseins:
Auch wenn du denkst, du *seist* glücklich, bist du es
schon!
(86) H.P.

Der Künstler mag wohl der einzige
REICHE Mensch auf Erden sein.
(87) H.P.

"Sprachwerker" - die Germanisten.
(88) H.P.

Sprüche (Satire):

a.) Wenn ein Kunstschütze sich verknallt!

b.) Wenn ein Schotte ausgemustert wird!

c.) Die Schotten sind nicht ganz dicht!
    (engl. Spruch!)

d.) Wenn ein Ornithologe den Vogel abschießt!

e.) Wenn ein Bahnwärter in die Schranken verwiesen wird!

f.) Wenn eine Sardine die letzte Ölung erhält!
(89) H.P.

Die Liebe ist ein größeres Geheimnis als der Tod.
(90) H.D. Hüsch

Man findet Glück nur in sich selbst!
(91) H.P.

Nicht ERfinden, sondern FINDEN.
(Journalistische Tugend)
(92) H.P.

Neugierde ist die *"stärkere"*
Motivation als Druck.
(93) H.P.

Die Liebe hat zwei Töchter:
die Güte und die Geduld.
(94) Chin. Weisheit

Wie in Teufels Küche –
wie mag es erst in seinem Wohnzimmer aussehen?
Des Teufels Schlafzimmer kenne ich schon!
(95) H.P.

Selbstgefällig→
man tut sich *selbst* den *Gefallen,* sich zu mögen,
wenn andere es nicht können!
(96) H.P.

Die irdische Gestalt ist nur der Schatten
der ewigen Existenz.....
(97) H.P.

Jesus kam nur bis Golgata.
(98) H.P.

Intelligenz braucht *Gesellschaft!*
(99) H.P.

Ich weiß, was ich will:
ich will, daß ich nichts will und
will nur, daß ich das weiß.
(100) H.P.

Das weiße Schaf in der Herde schwarzer.
(101) H.P.

Wenn du von dem,
was du begehrst,
lassen kannst,
wird es dir geschenkt.
(102) H.P.

Das einzige Dogma, das ich habe,
ist, daß ich keines habe.
(103) H.P.

Die Wahrheit beinhaltet die Gewissheit und den Zweifel –
zu gleichen Teilen.
(104) H.P.

Ich hoffe,
ihr guten Geister
seid mir nicht bös'
und ihr bösen mir gut!?
(105) H.P.

Ein Mann ist was er macht –
eine Frau ist was sie ist!
(106) Zit.

Männer können nicht lieben –
sind immer auf dem Sprung zu sich selbst.
(107) H.P.

Du sollst gehen,
solange deine Freunde noch traurig sind.
(108) frei nach Zitat H.P.

Das Ziel ist die Utopie –
der Weg dorthin ist das "Machbare",
das Lebendige, die Bewegung.
(109) H.P.

Der Weg ist der Weg
Es gibt kein Ziel!
(110) H.P.

Ein starker Mann
hat niemals Angst zu weinen.
(111) H.P.

Alles ist ein Ganzes
inklusive dem Chaos,
dem ordentliche Teile des
Ganzen äquivalent entgegenstehen –
und so wird das "Alles" zur
Singularität des Waagegesetzes geführt.
(112) H.P.

Wenn dieses *Dasein*
nicht dazu *dasein* würde
um *da* und nicht dort zu sein,
also *da* zu sein um zu leben,
dann hätte man Gottes Codex falsch verstanden!
(113) H.P.

Die erträgliche Schwere des Seins!
(114) H.P.
zu "die unerträgliche Leichtigkeit des Seins"
(Zitat)

Zu Michèle (Zwilling):
Mit Techtel habe ich schon Schluß gemacht,
mit Mächtel wird es im Sande verlaufen.
(115) H.P.

Ich glaubte immer zu wissen,
aber seitdem ich weiß,
glaube ich!
(116) H.P.

Was man noch alles vor sich hat,
bis man es hinter sich hat!!?
(117) H.P.

Habe Mut,
dich deines eigenen Verstandes zu bedienen!
(118) Emanuel Kant

Größenwahn heißt,
sich alles verzeihen mögen,
nur seine eigene Dummheit nicht.
(119) H.P.

"Warum fließt kein Tropfen des
Glücks mehr in meinen Adern?
Wo ist das erfahrbare Glück?
Es ist alles so leer und schon erlebt...!
Ich weiß, das Glück ist dort,
wo du es nicht suchst....
bin nun aber kein Suchender -
also habe ich eine Chance..!?"
(120) H.P.

Merk-würdig:
"Man muß wissen, wo das "ICH" aufhört
und die Welt anfängt".
(121) frei nach Zitat H.P.

Das lange Leben ist es nicht:
feige Ratten leben länger als mutige Löwen!
(122) H.P.

Man kann ein Dummkopf mit Witz,
aber nie ein Dummkopf mit Verstand sein.
(123) Zit.

Ein Freund von mir hatte ein Motto:
"Wo ein Weg ist, ist auch ein Wille!"
(124) H.P.

Das Glück hat einen Schatten,
das Unglück!
Es hafftet dem Glück untrennbar an, wie jeder Schatten.
Nur das immaterielle, geistige Glück braucht keinen
Schatten -
ist also ein unglücksfreies Glück, das wahre Glück.
(125) H.P.

Was des Einen "Freud"
ist des Anderen "Jung".
(126) (Satire) H.P.

Zu meiner Ex-Liebe Inez:
"Es gibt noch andere Göttinnen neben ihr".
(127) H.P.

Der singuläre - ohne ICH -
"Geistes-Kosmos"!

These von der Verbindung der Person als"ICH"-Verständnis
ist
nur als gesetzmäßige Abhängigkeit und
Existenzberechtigung in *unserer* "Materialdurchschleifung"
denkbar! Der Geist braucht das
"ICH" nicht! Das singuläre Dasein in der Körperlichkeit
der Materie ist nur (gesetzabhängig) mit dem "ICH" und
dessen selbstreflektierenden Bewußtsein darüber möglich.
Danach, mit dem Tod, folgt das Eintauchen in den nicht
singulären "ohne ICH"- Geistes-Kosmos. Der Geist ist ohne
ICH, *ohne Zeit, überall!!*
(128) H.P.

"Mit den Augen sieht man
nicht das Wesentliche,
sondern nur mit dem Herzen".
(129) Zit. nach A. de Saint-Exupèry, Der kleine Prinz

Die geistige "Hygiene" muß stimmen!
(130) frei n. Zit. H.P.

Ich bedarf äußerlich der *Enge*,
um innerlich in die *Weite* zu gehen!
(131) Zit. frei n. Theodor Storm

"Heimat ist Sehnsucht nach der Kindheit".
(132) Heinrich Böll

Man muß die *"Kräfte"* nehmen,
wie sie kommen.
(133) H.P.

Aller menschlicher Geist zusammengenommen,
ist nur *ein* Tropfen
im Meer des gesamten Geistes.
(134) H.P.

Familie:

1.) Immer das *höhere* Ordnungsglied ist entscheidend.
Ich→ Familienmitglied→ Freunde→ Nachbar→ Bürger→ Stadt→
Land→ Staat→ Welt!

2.) Familie muß als *höhere Instanz* als das Ego, allein
Sicherheit
und Ordnung bieten. Jedes Mitglied ist daran
interessiert, diese Ordnung gegen das *Chaos* herzustellen
und zu verteidigen.
Jedes Mitglied **muß** *vertrauenswürdig* sein!
(135) H.P.

"Wissen ist Macht
aber Macht noch nicht Wissen".
(136) La Boom, ARD 31.12.89

Über das *kreative* Leben:

Einsamkeit ist kreativitätsfördernd,
dazu wohltemperierte *Gesellschaft (Familie, Freunde)* –
der "Clan" kann es sein, die Einbettung in eine Familie,
einen Kreis bilden eben!
Man sagt ja auch Familienkreis und Freundeskreis.
Der **Kreis**: Sinnbild der **Sicherheit!**
(137) H.P.

"Lasset die *Geister* aufeinanderprallen,
die *Fäuste* haltet still".
(138) Martin Luther

Von der Freude (Licht):

Freude muß mitgeteilt werden,
geteilt, herausgeschriehen!

Hat man die Freude der Anderen miterlebt,
so vervielfältigt sich das Gefühl bei den (dem)
sich Freuenden und auch bei dir selbst.

Fabel: Ein Mann wurde von der Freude erfaßt.
Er schrie sieben Monate auf dem Dach seines Hauses die
Freude hinaus!
Aber keiner der Nachbarn und Freunde reagierte. Die
Freude (das Licht) verringerte sich immer mehr bei dem
Mann, bis sie erlosch, weil sie keiner mit ihm teilte!
Daraus folgt: Freude teilen, zeigen, erleben, schenken;
mit-freuen mit anderen, schenkt dir selbst Freude!

Freude muß etwas Bewegtes, Bewegendes sein -
nichts Statisches (Eigenfreude, oft hämisch) -
wie die Liebe etwas Bewegtes, Bewegendes ist.
Das Verharren ist nicht das Gesetz der Liebe.
Bewege dich in die positive Richtung mit Gott,
der Liebe und der Freude!!
(139) H.P.

Die Atombombe:
zynische Rache der "Zivilisation" an der Barbarei!
(140) H.P.

Jede Sekunde ein Herzschlag des Universums,
das vielleicht auch sterben wird - wie alles
Materielle...!?
(141) H.P.

Die Philosophie ist kein "chices" Feld zum Spielen für
die Gedanken und auch kein Selbstzweck.

Die Möglichkeit zum Ausfüllen des Dammes, der dich
dahinführt, wo du eigentlich schon bist, denn dein
menschlicher Gedanke hilft es zuzulassen, daß er
dazugehört, der Damm (hinüber ins Reich des Geistes). Und
gleichzeitig das Erkennen, daß es dieses Dammes
eigentlich gar nicht bedürfte, um die Blindheit der
Sinne, unserer Sinne, zu überwinden. Um die Urschwingung,
die ewig ist und schon seit deiner ersten Lebenssekunde
in dir schwingt, zu hören und zu spüren und
weiterschwingen zu lassen.....
Zuhören und Zulassen ist Gleichklang des Glücks in dir zu
erleben!
(142) Wo wieder mal mein Fundus an Begriffen und Worten
erlischt. Hurra!! H.P.

Das *"Wahre"* des Seins
muß nicht unbedingt *"real"* sein!
(143) H.P.

Das *"Lassen"*
das *Loslassen*
ist die LÖSUNG!!
(144) H.P.

Oft ist das Falsche nicht
unbedingt das "Nicht-Richtige"!
(145) H.P.

Gut Denken→ gut Reden→ gut Handeln!!
(146) H.P.

Wir leben einen Traum,
in einem Traum,
den Gott träumt!
(147) H.P.

Das NICHTS gibt es nicht,
aber das ALLES!
(148) H.P.

Wer vieles weiß,
will *alles* wissen!
(149) H.P.

Habe einen Bummerang geschenkt bekommen -
wie wurde ich meinen alten los?
(150) H.P.

Es richtet sich nur wieder auf,
wer aufrichtig lebt!
(151) Konstantin Wecker

Man kann Philosophie
wie eine Rechenaufgabe angehen oder
sie in sich schwingen lassen,
wie ein Lied, eine Melodie!
(152) H.P.

Die Religionen produzieren
und produzierten MEHR Kriege,
als in ihren Schriften zu verhindern,
sie angetreten waren.
(153) H.P.

Um nicht aufgeben zu müssen,
muß man sich die Aufgabe stellen,
sich Aufgaben zu stellen, nicht aufzugeben!
(154) Der Hin- und Widerspruch H.P.

"Die Summe deines Lebens,
was in der Liebe ist gewesen."
(155) Wilhelm Busch

Das Ende am Ende vom Ende ist
der ANFANG.
(156) H.P.

"Oh glücklich, wer noch hoffen kann!

Aus diesem Meer des Irrtums auftauchen!

Was man nicht weiß, das eben brauchte man.

Und was man weiß, kann man nicht brauchen.

Doch laß' uns dieser Stunde schönes Gut,

durch solchen Trübsinn nicht verkümmern!"
(157) J.W.v. Goethe, Faust II

Zu Frauen und Männern:

Frauen haben im Regelfall kaum eine *Achtung* vor
der Würde des Mannes, sondern nur Achtung vor dessen
Macht, gesellschaftlicher Stellung und dessen Reichtum!
(158) H.P.

Männer sind wie ein Urvolk.
Man oder besser frau sollte das achten und ihren
in Jahrtausenden gewachsenen, nicht unberechtigten Haß
auf die Männer, relativieren und mit ihnen behutsam - wie
mit einem aussterbenden Urvolk, z. B. Indianern -
umgehen.
(159) H.P.

Liebe kennt keine Zeit
Sie ist ewiglich!
(Inez und ich)
(160) H.P.

Wer nicht dankbar ist,
wird bitter!
(161) Zit.

Jeder Dichter hat eine "dramatische" Liäson –
mit der Phantasie!
(162) H.P.

High-tech:
Die Utopie hat doch schon begonnen!
(163) H.P.

Sitze am Strand:
    das alte Meer
    und der Mann.
(164) H.P.

Mehr Wissen macht mehr Lust!
(165) Zit.

Man *hat* keine Kultur –
Kultur ist immer auf dem Weg.
(166)

Ich habe mich in meinen
Aphorismen *ausgedrückt*,
wie aus einer übervollen Tube
des Denkens und Glaubens!
(167) H.P.

Alte Löwen ziehen umher,
wenn sie fühlen, daß es
mit ihnen zu Ende geht:
Sie suchen nach einem KAMPF,
einem *letzten*, einem *guten* Kampf,
bei dem es gleich ist,
zu gewinnen oder zu verlieren.
(168) alte afrik. Weisheit

Ge-RÄCH-DICH-keit →
Selbstjustiz!?
(169) H.P.

Du hast NICHT gelebt,
wenn du nicht *einmal* richtig
geliebt hast.
(170) H.P.

Welch' langer Weg für die Zeit,
welch' kurze Strecke für die Menschheit,
welch' kleiner Schritt für mein Leben.
(171) H.P.

Die Seele kann nur
mit lauterer, reiner Wahrheit *in sich*
überleben!
(172) H.P.

Für die Rastlosen:
Als Gott die Zeit schuf,
hat er davon genug gemacht.
(173) Bibelspruch

Ein Freund:
Es ist schön, wenn du einen hast -
noch schöner, wenn du einer bist.
(174) Zit.

Zu Claudia Schiffer:
Gott hatte ein EINsehen
mit ihrem AUSsehen!
(175) H.P.

Argentinischer Tango:
"Er riecht nach Leben
und schmeckt nach Tod!"
(176) Zit.

Du brauchst ein wenig
positive Aggression,
um zu überleben!
(177) H.P.

Wer sich selbst nicht liebt und
nicht sein eigener Freund ist,
wird vieler Menschen Feind!
(178) frei nach Zit. H.P.

Ich bin reich, du bist reich→
wir sind Freunde.....
(179) altes chin. Sprichwort

Das größte Vergnügen in der Liebe
ist das *"KÄMPFEN"*!
(180) Zit.

Auch das NICHT-determiniert Scheinende
ist eigentlich schon determiniert!
(181) H.P.

Die Farbe der Wahrheit ist *weiss* –
im *Weiss* sind alle Töne des Farbspektrums enthalten!
(182) H.P.

Der Sinn des Lebens
(den es eigentlich nicht gibt)
ist die Suche nach dem Sinn!
(183) H.P.

Wir machen keine Gedichte,
Gedichte machen uns!
(184) H.P.

Der Pessimist
vermißt das absolute Glück –
der Optimist
ermißt das relative Glück.
(185) H.P.

Die Erde wird sich einst der
Menschen mit Bedauern erinnern!
(186) H.P.

Wahre Lieben gehen immer auseinander –
weil sie sich auch der Wahrheit verschreiben müssen.
(187) H.P.

Sollte ich nun vom Spaßmacher einst,
zum Humoristen, über den Satiriker,
schließlich zum Zyniker werden??
(188) H.P.

Wer am Morgen lächelt,
lacht am Abend.
(189) H.P.

Für den Gotteszweifler:
Gott *ist* nur, weil *Du bist*.
Wenn Du weißt, daß *Du bist*,
ist Gott also auch.
(190) H.P.

Es ist schwer,
Mut zu zeigen,
wenn man Schwermut zeigt.
(191) H.P.

Wie soll man das Leben lieben,
wenn man die Liebe nicht mehr lebt?
(192) H.P.

"Bade niemals zweimal
im selben Fluß."
(193) (Heraklith, griech. Philosoph)

Denen allein wird die
Gnade des *reinen* Glücks zuteil,
die sich der Kräfte des Kosmos bedienen!
(194) H.P.

Satire:
Sachsen-Anhalter nahm keine *Anhalter* mit,
dafür nimmt jeder *Anhalter*
Sachsen als *Anhalter* mit!
(195) H.P.

Es gibt
native Intellektuelle –
ich zähle mich zu ihnen!
(196) H.P.

In Demut und Entsagung allein
findest du Glück und Seelenfrieden!
(197) Budd. Weisheit

Humor ist immer eine
"leichte" Waffe gegen die "Schwere" der Welt.
(198) H.P.

Typologisierung:

Ich unterscheide drei Betroffenheits-, Wesens- und
Handlungsformen in den menschlichen Seinsweisen (Modi)
→Opfertypus → Mittlertypus (Medium) → Tätertypus
(wobei auch Zwischenformen anzutreffen sind !)

Jedem sei es nun freigestellt, sich in die eine oder
andere Gruppe oder Mischform aus seiner singulären,
persönlichen Lebenserfahrung heraus, mit einzuordenen.
Ich persönlich habe festgestellt, daß ich eher dem
Mittlertypus (Medium) zuneige. Ich verknüpfe unbewußt
oder bewußt die Stränge des Schicksals anderer und auch
die meinigen, löse deren Knoten durch *Vermittlung* und
auch durch Handlung (will heißen, ich zähle mich zu dem
Mischtypus: Mittler - Täter!).
(199) H.P.

Wenn ich einst nicht mehr schreiben mag,
verschenke ich die Filme meiner Träume.
(200) H.P.

A P H O R I S M E N II

"An der Spitze ist es einsam!"
(1) Joachim Buschmann

".....du mußt **warten, denken** und **fasten** können !"
(2) Hermann Hesse

Es ist nicht wichtig, was man tut,
sondern nur wichtig, **warum** man es tut !
(3) H.P.

Der ist ein weiser Mann,
der nicht zuviel von seiner
Weisheit preisgibt !
(4) Saladin

Die Frau ist für den Mann nicht Alles,
aber **ohne** sie wäre alles nichts !
(5) H.P.

Genie fragt,
Talent antwortet .
(6) H.P.

Ich bin als Christ geboren worden
und werde als Philosoph sterben !
(7) fr.n.Zit. Casanova

Alle guten Dinge
geschehen sehr schnell !
(8) the Corrs (ir. Band)

Geistige Freiheit ist
Voraussetzung für Humor !
(9) Friedrich Hebbel

Naivität ist oft Schutz
vor der Wahrheit !
(10) H.P.

Jeder vergangene Tag
ist wie ein kleiner Abschied vom Sein !
(11) H.P.

Die Macht,
die Ohnmacht ertragen zu können !
(12) H.P.

Die Frau, die so klug wie ein Mann sein will,
hat einfach keinen Ergeiz !
(13) Feministin

Erinnerungen geben oft die Kraft
für das Leben zurück !
(14) H.P.

Wenn du die Unwahrheit erträgst,
verträgst du auch die Wahrheit !
(15) Jonathan Swift

Ab und zu ist ein "angedachter" Traum
schöner als dessen Verwirklichung !
(16) H.P.

Im richtigen Umgang mit dem Müßiggang,
liegt eine "hohe" Lebenskunst !
(17) Indianer‑Häuptling

Es ist besser,du hast geliebt und verloren,
als nie geliebt und gewonnen !
(18) H.P.

Freiheit ist nur ein anderes Wort für :
nichts mehr verlieren können !
(19) Janis Joplin

Es ist alles "schön",
was man mit Liebe ansieht !
(20) Christian Morgenstern

Das Mysterium, das w i r "GOTT" nennen,
ist eigendlich auch nur ein flüchtiger Gedanke
des eigendlichen, ewigen Gottes !
(21) H.P.

"Im A N F A N G liegt die Ewigkeit ...!"
(22) Hugo von Hoffmannnsthal

Alles H ü b s c h e hat seine Zeit,
alles S c h ö n e ist ewiglich !
(23) H.P.

Die Welt ist ein gefährlicher Platz zu leben,
nicht wegen denen, die Böses tun,sondern wegen denen,
die Böses **zulassen** !
(24) Albert Einstein

Dumme rennen,
Kluge warten,
Weise gehen in den Garten !
(25) Tagore

Mit LUST allein sein zu können,
ist Heute ein Schlüssel zum Überleben !
(26) H.P.

Man weiß nie , wohin man gehen soll,
wenn man nicht weiß, w o h e r man kommt !
(27) J.W.v. Goethe

Du lebst nur solange,
solange du auch l a c h e n kannst.
(28) chin. Spruch

In meinem Herzen scheint die Sonne auch nachts !
(29) H.P.

Satire:
"Ich hab`ihn zweimal getroffen:
einmal in London und einmal am Kinn !"
(30) H.P.

Meine Freundin und ich:
Ich habe irgendwie den Traum verpaßt,
habe vergessen aufzuwachen
und war doch die ganze Zeit wach ...!
(31) H.P.

Du solltest mit V e r s t a n d
deinen "Bauch" einsetzen,
und mit G e f ü h l deinen "Kopf" !
(32) H.P.

Menschen, die viel planen,
haben Angst vor dem Leben !
(33) H.P.

Wenn dir keiner das Wasser reichen kann,
besteht allergings die Möglichkeit,
zu verdursten !
(34) H.P.

Satire:
Dies ist ein "Überfax" !
Faxen Sie mir Ihr ganzes Geld aber fax ...äh... fix !!!
(35) H.P.

Bücher sind die Heimat der Seele !
(36) H.P.

Buddhisten sagen:
Der W e g führt über den "Raum" zum Geist !
Ich habe den Weg über die Dimension "Zeit" gewählt....!
(37) H.P.

Wenn bei "Kleinbürgers" das einzige,
was erregiert, der Zeigefinger ist !
(38) H.P.

Wenn ich friere, hülle ich mich in Tugend !
(39) Horaz

Kreativität entsteht auch durch Chaos !
(40) H.P.

"Habe mit meinem Genius mein Leben gestaltet
und mein Talent für meine Werke eingesetzt !
(41) Oscar Wilde

'Kindmenschen'(Hesse) lieben immer wieder
andere Kindmenschen, sie bewundern
die 'Brahmanen-Menschen', verstehen diese aber niemals!
(42) H.P.

Das "MAYA-Prinzip" : Welttäuschung !!
Das subjektive Sein erfährt nicht
den objektiven Raum !
(43) fr. n. Zit. H.P.

Manche Menschen 'ziehen' vom Leben (der Anderen)
lediglich 'ab; Voyeure, Claqueure, passive Nobodies etc.;
Sie entziehen dem Leben seinen eigendlichen Geist;
Andere schenken "Etwas" : Impulse,Neues etc.-
Sie "addieren" etwas,multiplizieren
durch Mitgestaltung, es sind die "Macher"
die "lebendigen" Menschen eben!!!!
(44) H.P.

51

Wer nur **einen** Geschmack hat,
hat keinen Geschmack !
(45) E. Lessing

Wenn dich das Dunkel der Finsternis
b e h e l l i c h t !
(46) H.P.

Die Wahrheit ist oft die Waffe der Liebe
gegen den Stachel der Boshaftigkeit !
(47) H.P.

Es ist der Humor, der einen Charakter auszeichnet,
nicht dessen Leistungen !
(48) H.P.

Wer auf halbem Wege umkehrt,
verliert auch nur die Hälfte !
(49) H.P.

Wer Ordnung hält, ist zu faul zum Denken !
(50) H.P.

Der Weise weiß zu Beginn,
was der Narr am Ende tut !
(51) fr.n.Zit. H.P.

Um mit dem Teufel fertig werden zu können,
muß man schon einen Fuß im Himmel haben !
(52) Konfuzius

"Die Zeit vergeht,
sie weiß es nicht besser."
(53) Erich Kästner

Im Leben trifft man sich immer z w e i m a l !
(54) H.P.

Wenn es nur zwei Möglichkeiten gibt,
wähle die Dritte !
(55) Jüdische Weisheit

Man muß versuchen , sich selbst Antworten zu geben,
die man von anderen beantwortet haben will !
(56) H.P.

Wenn man sein Herz mit Hoffnung füllt,
ist dort kein Platz mehr für Schmerzen !
(57) H.P.

Wenn der Mensch auch die ganze Welt gewänne,
nähme er doch Schaden an seiner Seele !
(58) zit.

Wenn man Mut hat, hat man auch Glück !
(59) Jürgen Vogel (Schauspieler)

Wie du mit dem Leben (Pflanzen, Tiere) umgehst,
so geht das Leben auch mit dir um !
(60) H.P.

Lerne dich selbst lieben,
dann lieben dich auch andere.
(61) H.P.

Wer nicht verläßlich in den "kleinen" Dingen ist,
der ist es in den großen auch nicht !
(62) Jesus von Nazareth

Ein Mann, der die Wahrheit nicht ausspricht,
ist kein Mann !!!
(63) H.P.

Wer schreibt, der bleibt....!!!
(64) Volksmund

Erfolg ist die Art, wie man
mit seinen I d e e n umgeht !
(65) H.P.

Gott hätte bei Erschaffung der Frauen
eine Gebrauchsanweisung mitliefern sollen !
(66) Zit.

Satire :
Frau Sommer und Herr Winter heiraten .,. :
sie nennen sich seitdem L E N Z !
(67) H.P.

Lehrer über Politiker :
Wir haben in der Mathematik gelernt mit NULLEN umzugehen !
(68) H.P.

Haß zerstört dich letztendlich selber .
(69) H.P.

Die Männer bieten der Welt die Stirn,
die Frauen geben uns die Brust .
(70) fr.n.Zit. H.P.

Der n e u e Mann :
In allen Zipfeln ist Ruh,
in allen Betten spührest du kaum einen Hauch !
(71) H.P.

Ich möchte mein ganzes Leben 35 sein !
(72) Stewart Granger

Was bleibt nach dem Leben ?
Bilder und Geschichten .....!
(73) Max Liebermann

Wenn Gott dir eine Tür zuschlägt,
öffnet er dir ein kleines Fenster !
(74) Pfarrer

Wollte mal wieder fremdgehen,
fragte mich : "SCHWEIN oder nicht SCHWEIN ?"
(75) H.P.

Satire :
Zwei Rentner streiten sich .....
der Eine : "Du bist ja be s t e u e r t !"
(76) H.P.

Man kann Kunst nur lieben, wenn man k e i n Künstler ist!
(77) engl. Galerist

Zu Menschen, die man liebt,
muß man nicht "pädagogisch" sein !!
(78) H.P.

Ein i d e a l e r Mensch muß ein Vorbild sein,
das einen aber nicht erdrückt !
(79) H.P.

Addition :Zufall plus Begabung = Glück
(80) H.P.

Die wenigen Anständigen auf der Welt,
lassen einen die Millionen Unanständigen vergessen !
(81) Curt Jürgens

Die glücklichsten Künstler
sind meist die Dilettanten .
(82) H.P.

Politik ist wie eine Hure,
auf der jeder herumreitet.
(83) Stammtischspruch

Gut und weise ist d e r Mensch,
der mit den Augen alles ertragen kann
und mit dem Herzen alles fühlen kann .
(84) H.P.

Sein Glück genießt man in der Stille ....!
(85) hanseatische Weisheit

Wer im Olymp sitzt, hat keine Freunde !
(86) Zit.

Manchmal ist es besser, jemanden gehen zu lassen,
damit er zurückkommen kann .
(87) H.P.

Das Tier lebt, der Mensch lebt,
aber der Letztere kennt k e i n e Grenzen !
(88) H.P.

"Gott hat einen Plan !"
(89) Tennisspieler Michael Chang

Bei Gefahr und höchster Not,
bringt der Mittelweg den Tod !
(90) mittelalterl. Spruch

Mir wurde die Begabung eingepflanzt,
aber das Verlangen verwehrt !
(91) a.Film "Amadeus"

Jugend : Heile Welt macht reich !
(92) Celine Dion

Satire :
Boris Becker spricht genau so wie er spielt :
Er kämpft um jeden Satz !
(93) fr.n.Zit. H.P.

Es sollten alle Alarmglocken bei einem Mann läuten,
wenn er auf Frauen b e r u h i g e n d wirkt !
(94) itl.Schauspieler

Nur der Glaube zählt,nicht der Aberglaube !
(95) Rosemarie Fendel

Alle Menschen sind gleich,....mir jedenfalls !
(96) Peter Lack

Die Wahrheit wird euch frei machen !
(97) Bibel

Satire :
Treffen sich zwei Jäger....., beide tot !
(98) Zit.

Satire :
Killer : "Im April wirst du ausge m e r z t !"
(99) H.P.

Wenn sich das Volk amüsiert, politisiert es nicht !
(100) röm. Kaiser

Viele Menschen sind auf dem Weg,
ich bin schon angekommen ....!
(101) H.P.

Viele Menschen sind auf dem "falschen Dampfer",
wenn sie nicht merken,daß dieser schon gesunken ist!
(102) H.P.

Meditation :
Die w a h r e Fülle ist die Leere !
(103) H.P.

Adam im Paradies : Frage an Gott :
"Warum hast du mir Eva geschenkt ?"
"Damit du nicht alleine bist !"
"Warum hast du sie so schön gemacht ?"
"Damit d u sie lieben kannst !"
"Aber warum ist sie so dumm ?"
"Damit sie d i c h lieben kann !"
(104) fr.n.Zit.

Die Erinnerung ist das einzige Paradies,
aus dem man nicht vertrieben werden kann .
(105) H.P.

Trauer : Die ganze Wut kommt erst n a c h dem Weinen .
(106) H.P.

Die "Schönen" sind immer die Singles !
(107) Nina Ruge

Wir haben nichts i n die Welt gebracht,
deshalb werden wir auch nichts mit hinausnehmen !
(108) Korintherbrief 1/13

Eine Minute Hoffnung am Tag,
schützt vorm Herzinfarkt !
(109) aus T.V.Serie "Singles" ZDF

Die Hölle ist die Abwesenheit von Vernunft .
(110) aus Film "Top-Gun"

Es gibt nie Probleme, nur Chancen !
(111) US-Botschafter John C. Kornblum

Diese Meereswellen sind wie das Leben,
schön und gefährlich mit Höhen und Tiefen .
(112)Barbara Auer i. Film "Maria"

Karriere :
Frauen im Beruf : Anpassen oder Auffallen ....?!
(113)H.P.

Wer ist der größere Thor ?
Der Thor oder der Thor, der ihm folgt ?
(114) fr.n.Zit. H.P.

Viele Menschen werden schon alt geboren,
wenige Menschen sind ihr Leben lang jung !
(115) H.P.

Ich bin weder hungrig noch satt !
(116) H.P.

"Stil" ist die Physiognomie des Geistes !
(117) A. Schopenhauer

Wenn du nach langer Reise wiederkehrst,
setze dich nieder und warte, bis deine Seele nachfolgt !
(118) Indianer Weisheit

Gehaßt sein ist mein Glück !
(119) aus Film "Cyrano de Bergerac"

Will König sein in meinem eigenen Reiche !
(120) aus "Cyrano"

Unverstand macht auch die Schönheit häßlich !
(121) aus "Cyrano"

Schönheit ist nur der Spiegel,
die Seele ist das klare Glas dahinter !
(122) H.P.

Die Hälfte kann oft mehr als das Ganze sein !
(123) Herodoth

Alle Frauen sind gleich :
..... sie spucken nicht, sie furzen nicht,
alle Frauen sind gleich !!!
(124) H.P.

"Nur Gott gebührt L I E B E !"
(125) Frederic Chopin

Tief in dir wohnt die Kraft deines Vaters !!
(126) aus Film "Krieg der Sterne"

Zu meinen Widersachern (vielfältig) :
"Ich kämpfe nicht mehr gegen geistige Zwerge !"
(127) H.P.

Der Geschlechterkampf ist nichts
gegen den Kampf in der Familie !
(128) H.P.

Es genügt oft ein e i n z i g e r Mensch,
der dich **er**kennt, deine Werke schätzt, dir huldigt ....!
(129) H.P.

In der E b e n e zufrieden zu wandeln,
bringt oft mehr Freude,
als die G i p f e l zu erstürmen !
(130) H.P.

Neugierde :
Die Fahrkarte zum Überleben !
(131) H.P.

Wo "Starkes" sich mit "Mildem" paart,
da ist ein guter Ehestart !
(132) Bauernspruch

Es gibt Menschen,
die werden schon tot geboren !
(133) Jean Gabin

Die unwichtigen Menschen sind oft die Erfolgreichsten !
(134) H.P.

Ein Charmeur ist ein Mann,
der Claudia Schiffer, ohne Zuhilfenahme seiner Hände,
zu beschreiben vermag !
(135) H.P.

Zum Film "Ti tanic":
Die "Zeit" ist immer in den Dingen,
in der Zeit, in der man sie macht: Filme,Bücher,Werke ....!
(136) H.P.

Sogar die weiteste Reise
beginnt mit einem einzigen Schritt !
(137) H.P.

"Die Staße der Erlösung" geht man Schritt für Schritt,
der   e r s t e   ist dabei der Schwerste !
(138) Bibel

Der beste Freund auf dieser Welt
bist du dir selbst !!!
(139) H.P.

Selbstzerstörung:
Wer kein Selbstbewußtsein hat,
paßt auch nicht mehr auf sich auf !
(140) H.P.

Alles "einwenig" ist nichts,
ein bißchen g a n z ist viel !
(141) H.P.

Man muß täglich einmal umarmt werden,
um glücklich zu sein !
(142) H.P.

Zeig mir deine Eltern
und ich sage dir, wer du bist !
(143) H.P.

Mechanische Zeit und erlebte Zeit sind Rivalen !
(144) H.P.

Dem Fluß (der Zeit) eine Insel abgewinnen,
den "Moment" leben,in einem Augenblick
eine Ewigkeit finden !
(145) H.P.

Wenn du nichts kannst, blöd und eitel bist,
werde Journalist !
(146) H.P.

Die schwere Kunst geliebt zu werden,
die leichte Kunst zu lieben .
(147) Friedemann Bach

Wo die G A B E N sind,
sind auch die A U F G A B E N !
(148) H.P.

Die D u l d u n g eines Fehlers,
ist der **größere** Fehler !
(149) Spruch an der Berliner Mauer

E i n i g mit sich sein, heißt
e i n z i g sein !
(150) H.P.

Erfolge machen keine Freude,
wenn man sie nicht mit irgendjemandem teilen kann .
(151) H.P.

Mach`es dir nicht zu gemütlich,
sonst schläfst du ein !
(152) Konfuzius

Die Suche nach dem Sinn sollte wenigstens bewirken,
daß du merkst, daß es keiner Suche bedarf !
(153) H.P.

Die Zeit ist das Feuer in dem wir verbrennen !
(154) H.P.

Nicht das ,was du hinterläßt,
sondern w i e du gelebt hast, ist entscheidend !
(155) H.P.

Das Aussehen ist es nicht !
Die Persönlichkeit öffnet dir die Türen !
(156) Nicole Nagel (Model)

Der Weg von der Trauer zurück ins Leben,
führt allein über die Liebe !
(157) Konfuzius

L e b e n ist etwas, das sich ereignet,
während wir mit anderen Plänen beschäftigt sind !
(158) John Lennon

Ein Philosoph hat einmal gesagt¡
der Sommer in unseren Breiten sei eine G n a d e !
(159) fr.n.Zit. H.P.

Es ist erstrebenswert ein Licht zu sein,
in der Hölle dieser vereisten Welt in Finsternis !
(160) H.P.

Das Gesicht ist ein Geheimnis, das man sieht .
(161) Zit.

Zahlenlehre: Die 7 ist die Zahl der Philosophen.
            Übrigens meine Glückszahl !!
(162) H.P.

Ein unnütz Leben ist wie ein früher Tod !
(163) J.W. v Goethe

Wer sich zu beschäftigen weiß,
ist ein glücklicher Mensch !
(164) Albert Camus

Du mußt dir t r e u bleiben,
dann kannst du dich verändern !
(165) aus Film "Go,Trabi,Go!"

Wenn wir S I N D , IST der Tod nicht !
(166) Epikur

Der Unterschied :
Männer werden wie Menschen behandelt,
Frauen wie Frauen .
(167) H.P.

Um Gutes zu erfahren, mußt du GUTES TUN !
(168) Philosoph

Um Geld verachten zu können,
muß man es gehabt haben !
(169) H.P.

Die Freiheit der Frauen ist ihre Unfreiheit !
(170) fr. Philosoph

Trost: " Der Herr wird einen Engel vor dir hersenden ! "
(171) Hörfunk-Pfarrerin

Der Trick mit der Ewigkeit :
Beobachte eine analoge Uhr mit Sekundenzeiger -
schließe in dem Moment die Augen,
wo der Sekundenzeiger eine Zahl erreicht (beliebig),
er bleibt in deinem Gedächtnis s t e h e n ....
.... ein Widerhall der Ewigkeit !!!!
(vergl. auch "Pendelversuch" in der Physik)
(172) H.P.

Eifersucht macht alt und häßlich !
(173) Christiane Hörbiger

Klonen ...!!!???
An dem Tage, wo die Vervielfältigung des E I N Z E L N E N,
des singulären "ICHs" stattfände,
stürbe die Philosophie !
(174) H.P.

Auf meinem Grabstein mag dereinst
das einsame Wort I C H stehen !?
(175) H.P.

Neuer Trend: Hybridendasein :
morgens :Berber auf der Straße,abends :Yuppie in der Oper!
(176) H.P.

Anmachtip:
Solange nicht lockerlassen,
bis den Fauen das Lachen vergeht !
(177) Dr. Specht, ZDF-Serie

"Gebrochen Mann buhlet nicht um schöne Frau"
(178) Spruch a.d. 16,Jh.

Gut und Böse :
Kinder tragen als EINZIGE, das philosophische Moment
der U N S C H U L D in sich.
(im geringeren Maße die Wesensanteile
des späteren Erwachsenen)
(179) H.P.

Satire :
"Heute findet im Boderkoog die Meisterschaft
im 'Teebeutelweitwurf' statt,1.Disziplin: Fencheltee ..."
(180) H.P.

Gehe den Weg eines anderen Menschen,
dann wirst du über ihn etwas erfahren,
aber nicht über dich !
(181) H.P.

Man (Frau) muß immer aggressiv und auf dem Sprung sein!
(182) Hannelore Hooger

Der Mensch bewundert die "Schurken"
und hängt die Helden.
(183) US-Film v. '45

Hoffnung :
Nach der Epoche des "Glaubens" (im Sternzeichen 'Fisch')
soll jetzt die Epoche des "Wissens"folgen.('Wassermann')
(Wechsel etwa alle 1800 Jahre)
(184) H.P.

Alle Künste tragen zur größten aller Künste bei :
der Lebenskunst !
(185) Verlags-Chef

Besser offenherzig und naiv,
als kaltherzig und berechnend !!!
(186) H.P.

Du mußt lernen die Angst zu beherrschen,
sonst beherrscht die Angst dich !
(187) H.P.

Land : Zeige mir deine Werbung und ich sage dir,
wie deine Menschen sind !
(188) H.P.

Humor ist die Höflichkeit der Verzweiflung .
(189) Zit.

Engel verführt man schnell oder garnicht !
(190) Udo Lindenberg

Vergebung :
Du mußt auch zulassen etwas NICHT zuzulassen !
(191) H.P.

Mit Worten spielen:
"Laßt über den 'Waldverwalter-Wald'
Waldverwalter Walter walten !"
(192) H.P.

Die "volks d ü m m liche Hitparade"!
(193) zu "Die Volkstümliche HITPARADE" ZDF

Mit Freude 'unterwegs':Das Ziel,kein Ziel zu haben !
(194) H.P.

Meditation: Die 'zeitlose' Zeit .
(195) H.P.

"Jetzt glaube ich, daß es einen Gott im Himmel gibt!"
(196) Albert Einstein in einem Konzert
des jungen Yehudi Menuhins (1929 i. Berlin)

Neben der 'Exklusivität des Herrschens'
existiert immer auch die 'Exklusivität des Leidens' !
(197) Yehudi Menuhin

Das Leben ist "billig" geworden,
Töten ist zur 'demokratischen' Übung geworden !
(198) Yehudi Menuhin

Nur schöne Frauen haben Launen .
(199) Morena Gallizio

Erwartungen führen immer zum Unglück ...
nimm es eher, wie es kommt !!!
(200) itl. Regisseur

Musik ist die l e t z t e Sprache der Welt,
die von allen verstanden wird !
(201) Sänger d. Popgruppe W E S

Zu wenig Bewegung
kann zur Lähmung führen,
zuviel Bewegung zur Wollust !
(202) Spruch a.d. 19.Jh.

Wir kommen alle aus dem 'N I C H T S'
und gehen ins 'A L L E S' !!!
(203) Bibelzit. z. Tode Dianas

Durch nichts wird der Charakter eines Menschen
so offenbar als durch d a s, **worüber** er lacht !
(204) J.W. v. Goethe

"Nach den Mühen der Berge
kommen die Mühen der Ebene !"
(205) Bert Brecht

Frauen über 25 werden zunehmend 'zickig' !
(206) itl. Regisseur(56),(heitatete eine 22jährige)

Die 'Regeln' machen wir für andere,
die 'Ausnahmen' für uns !
(207) dt.Politiker

Armut in Deutschland :
Leiden auf hohem Niveau !
(208) H.P.

Keiner ist 'weise', der nicht das Dunkel kennt !
(209) dt. Dramatiker

Glauben zu **dürfen** ist eine größere Gnade
als 'wissen' zu **können**.
(210) H.P.

Ikarus :
Wenn man der 'Wahrheit' zu nahe kommt,
kann man verbrennen !
(211) H.P.

"Es ist alles 'Stückwerk', erbärmliches Stückwerk,
was w i r denken können ....,
das G A N Z E wird uns für immer verborgen bleiben !"
(212) H.P.

"Ich weiß nur eines :
Gott hat n i c h t 'gewürfelt',
als er das Universum erschuf .....!"
(213) Albert Einstein

Hinterfrage alles aber beantworte nichts !
(214) H.P.

Es geht nicht darum w a s du tust,
sondern nur darum, w e r du bist !
(215) H.P.

Einige Menschen 'finden' sich 'toll'?
-Sie haben nicht ausreichend g e s u c h t !
(216) H.P.

Der Stillstand in der Bewegung i s t die Ewigkeit !
(217) H.P.

Arbeitslose : Die "Zahl"-losen .
(218) H.P.

Die Menschen suchen und suchen .....
und was 'finden' sie ...?
Sie finden s i c h nur s e l b s t gut !
(219) H.P.

Der Mensch er h ä l t seine Seele nur,
wenn er die anderen Seelen e r h e l l t !
(220) H.P.

Die Gnade der 'frühen' Geburt :
Mir blieb das Internet erspart !
(221) H.P.

Man kann alles wissen,
aber man muß nicht alles kennen !
(222) H.P.

So einfach ist das ....!
Männer wollen kämpfen, jagen und Frauen erobern,
Frauen wollen Kinder kriegen und umsorgen !
(223) H.P.

Die Antworten, die dir andere geben,
sind eigentlich erst die Fragen,
die du dir s e l b s t stellen solltest .
(224) H.P.

Meide exogene Drogen,
sei dir selbst **deine einzige Droge** !
(225) H.P.

Textzeile :"Muß ich denn erst sterben, um zu leben..??"
(226) Popsänger Falko (verunglückte kurz darauf tötlich)

Genug ist zu wenig !
(227) Banker-Philosophie

Es ist besser g e l i e b t zu werden
als g e f ü r c h t e t zu sein !
(228) fr.n. Machiavelli

Wahrheit ist ein k o s t b a r e s Gut,
gehen wir 'sparsam' damit um !
(229) Mark Twain

Der Kosmos existiert nur,
weil wir ihn zu 'denken' versuchen ...!
(230) H.P.

Freunde sind Fremde, die man zu kennen glaubt !
(231) H.P.

Eitelkeit ist oft ein Mechanismus zur Selbsterhaltung !
(232) H.P.

L e r n e n ist auch eine Art zu R e i s e n !
(233) H.P.

Veränderungen sind die einzige **Konstante** !
(234) Mercedes-Chef Schrempp

Die Menschen haben nichts gelernt,
sie schmieden immernoch am 'Goldenen Kalb' !
(235) H.P.

Ich leide, also lebe ich !
(236) H.P.

Ich liebe nicht die Liebe,
ich liebe nur das 'Verliebtsein' !
(237) H.P.

Der Gewinner sagt was er w i l l,
der Verlierer sagt was er n i c h t will !
(238) H.P.

Es ist die Zeit der Scheinbefriedigung,
der Konsum von Nichtsnützigem ersätzt nicht das 'Wahre' !!!!
(239) H.P.

Weil die Liebe so rar gesäht ist auf Erden,
heißt mein Motto :
"Jede Liebe ist g u t e Liebe !"
(240) H.P.

Satire :
Esotheriker: "Kein Zeichen ist auch ein Zeichen !"
(241) H.P.

Zum Leidwesen meiner Freundin :
Der alte 'Adam' meldet sich bei mir immer wieder zurück !
(242) H.P.

Politiker sind 'Arbeiter', die mit MACHT bezahlt werden !
(243) H.P.

Manche Menschen lassen sich bewegen,
manche Menschen bewegen etwas,
manche Menschen s i n d einfach nur !!!
(244) H.P.

Zyniker sind oft schon tot, bevor sie gestorben sind !
(245) H.P.

Zweideutige Aussagen werfen oft ein 'e i n deutiges' Licht
auf deren Autor !
(246) H.P.

Ein beweglicher Mann läßt sich
von einer 'bewegten' Frau nicht bewegen !
(247) H.P.

Wenn ich Mozart höre, wird mein Seele gestreichelt !
(248) H.P.

Der Körper und der Geist brauchen ständig Reize,
sonst existiert der Mensch nicht !
(249) Georg Hackel

Wenn du merkst, daß du älter zu werden glaubst,
suche dir "junges Volk" und mische dich darunter,
so wirst du spüren, wie der Funke der Jugend
auf dich überspringt !
(250) H.P.

Leidenschaft und Erotik sind O b e r f l ä c h e ,
Liebe ist T i e f e !!!
(251) H.P.

Das Leben ist zu kurz für 'schlechte ' Liebe !
(252) H.P.

Die Wahrheit macht euch f r e i !
(253) Jesus v. Nazareth

Ich liebe es, mit einem Kugelschreiber bewaffnet,
vor einem weißen Blatt Papier **alleine** dazusitzen ...,
alsdann zu denken und zu schreiben :
oftmals mündet dieses 'Treiben' dann
in der tiefen Erkenntnis, dem Sinn des **wahren Seins**
auf der Spur zu sein .
(254) H.P.

Es gibt nur wenige Menschen
wie zum Beispiel Ludwig van Beethoven, die,
in der Hölle ihres Leidens, durch die Musik,
noch das Licht des Himmels sehen konnten !
(255) Mitsuko Uchida (Pianistin)

Man braucht 64 Muskeln, um ein 'ernstes' Gesicht zu machen,
aber nur 10 Muskeln, um zu 'lächeln' !
(256) H.P.

Satire :
Yuppie zu Herbie :"......und dein Handycap ?"
"Mein Handycap ist, daß ich keines habe ....!!!!!"
(257) H.P.

Satire :
Politiker-Credo :
"Es gibt viel zu tun, packen wir e i n !"
(258) H.P.

Es gibt nichts m e h r zu fürchten auf der Welt,
als die Furcht selbst !
(259) Bill Clinton

Sei **authentisch** und achte auf dein Gewissen,
dann brauchst du keine Religionen !
(260) H.P.

Welch schöne Begebenheit :
Bei einem Urlaubsaufenthalt in Italien :
Mein alter Vater schaute mich mit offenem Blick an
und sagte :" Ist es nicht wunderbar, hier in diese Welt
einmal hineingeschaut haben zu dürfen ......?!"
(262) H.P. (W.P.)

Das allerletzte 'Canossa' ....!?
Der 'Beute-Mensch' könnte sich noch retten,
indem er die grenzenlose Gier nach Macht,
Geld und Profit, durch einen Akt der D E M U T
beenden würde ......!!!
(263) H.P.

An seinem Lachen erkennst du den **guten** Menschen!
(264) H.P.

Wenn man den Schritt ins Leben zurück wagt,
kann man der Liebe begegnen!
(265) aus "Freunde für's Leben" ZDF

Satire:
Zukunft: Es darf sich keiner mehr fortpflanzen,
der für seinen Nachwuchs
keinen 'Werbe-Sponsor' nachweisen kann !
(266) H.P.

Schlechter Verlierer:

Das 'hohe' Lied vom tiefen Fall !

(267) H.P.

Was die Mathematik den Naturwissenschaften,

ist die Philosophie den Geisteswissenschaften :

das o r d n e n d e Element !!

(268) H.P.

Der "rechte" Stammtisch :

Auf

'kurzsichtige' Ansichten von

'durchsichtigen' Absichten auf

'hintersichtige' Aussichten, sollten

'umsichtige' Vorsichten,

'klarsichtige' Einsichten und

'weitsichtige' **Rücksichten** folgen !

(269) H.P.

Vom 'Schlichten' zum 'Schlechten'
ist oft ein kurzer Weg .
(270) H.P.

Der Mensch irrte, als er den 'Affen im Spiegel'
für etwas 'Besonderes' hielt !!
(271) H.P.

Der Tag, als mich meine 'Göttin' verließ,
war der Tag, an dem mein Leben starb,
ich aber weiterexistierte ...!
(272) H.P.

Wenn man schon durch die Wüste gehen muß,
sollte man wenigstens 'Spuren' hinterlassen .
(273) Regine Ziegler (Filmproduzentin)

Satire :
Mata Hari hatte eine Schwester: Kala Hari,
die gemeinhin die 'Wüste' genannt wurde !
(274) H.P.

Zeige mir deine Seele
und ich frage nicht, wie du aussiehst !
(275) H.P.

Euch wird die F r e i h e i t,
die ich f ü r   e u c h lebe,
irgendwann nochmal fehlen !
(276) H.P.

Frage: "Engel, wo seid ihr?"
Antwort: "Da, wo man uns f i n d e t !"
(277) H.P.

Dein bester Freund, wird meist dein ärgster Feind !
(278) H.P.

Betr. Schriftsteller :
Es heißt, einen **Punkt** zu finden,
der dann, wie ein Kristall,wachsen und wachsen kann !
(279) H.P.

Wer d e n k t, der l e n k t,
wer denken läßt, der w i r d gelenkt !
(280) H.P.

Das 'Segensreiche' zeitigen,
bevor man das 'Zeitliche' segnet .
(281) H.P.

Ein guter Geschmack ist die 'Krönung' des Verstandes!
(282) H.P.

Atom-Castor !?
Sicher ist nichts, das ist sicher ....,
selbst d a s ist nicht sicher !
(283) fr.n. Joachim Ringelnatz

A P H O R I S M E N III

Fand mich stets wieder,
wenn ich mich verlor!
(1) H.P.

Der Mensch ist mehr,als die Summe seiner Daten -
....ist vielmehr die Summe seiner g u t e n T A T E N !
(2) H.P.

Werde Mönch (Asket) und sehe die Welt!
(3) Kapuziner-Mönch,Assisi

Was die Augen nicht sehen,muß das Herz nicht fühlen.
(4) zu span. Stierkampf H.P.

In seinen Gedichten offenbart sich
der wahre Charakter eines Menschen.
(5) H.P.

Der Geist "atmet" durch die Inspiration,
der Körper "denkt" durch die Wollust.
(6) H.P.

"Der Himmel ist mein Dach,
der Horizont ist meine Grenze."
(7) armer Poet

"Du bist ja übellauniger,
als ein Tausendfüßler mit Fußpilz."
(8) US-Serie "Urkel"

Wer mir den Schlaf nimmt,
nimmt mir das Leben!
(9) H.P.

Wie soll ich wissen,was ich denke,
bevor ich höre,was ich sage..?
(10) zu Show-Master T.Gottschalk H.P.

An der Spitze ist es einsam aber man hat v i e l Platz .
(11) H.P.

Jehnseits des Vergnügens
gibt es etwas Wertvolleres : das Glück.
(12) G.Casanova

Das Einzige was jede Sekunde sirbt
und doch sogleich weiterlebt ist....die Zeit!
(13) H.P.

Fußballwitz:
Erschütternd: Linienrichter hatte Fahne!
(14)fr.n. H.Schmidt

Lieber von van Gogh gemalt
als vom Leben gezeichnet.
(15) H.P.

Männer sind oft "Gefuhlsterroristen",
ich bin zudem noch "Gefühlsdeserteur".
(16) H.P.

Ich hatte mir immer einen Rosengarten gewünscht,
bis Gott ihn mir schenkte: die Gnade.
(17) H.P.

Auch ein schlechter Ruf verpflichtet.
(18) H.P.

Menschen,die zuviel Phantasie haben,
können oft nicht handeln.
(19) H.P.

"Wir sind im Leben vom Tod umgeben."(Lutherwort)
Wir sind eher im Tod vom Leben umgeben...!
(20) H.P.

Der korrupte Schmied
"feilte" jahrelang an seinem Image.
(21) Satire H.P.

Die meisten Männer sind "Weicheier",
die sich für hartgekocht halten!
(22) H.P.

Im Stadium der Erleuchtung hat man Zugang zu allem
was von menschlichem Geist bisher,jetzt oder zukünftig
gedacht wurde,gedacht wird oder zu denken sein wird :
ein direkter Zugang zum "Allgeist" also...!
(23) H.P.

Der Alkohol läßt dich vergessen,
daß du dich umbringen wolltest,
schließlich bringt dich der Alkohol um.
(24) aus Talkshow N3

Paare:
Wenn alles richtig ist,dann stimmt was nicht.
(25) Nena (Sängerin)

Alle Religionen sind gleich falsch
aber auch gleich nützlich.
(26) H.P.

Der ganz normale Wahnsinn der Normalität.
(27) H.P.

Ein einziger Tag kann wie eine Perle sein ,
ein ganzes Jahrhundert nur wie ein Haufen Staubes...!
(28) aus chin. Gedicht

Manche wissen was sie wollen,
manche wissen nicht einmal was sie n i c h t wollen.
(29) H.P.

"Ein verschmähtes Weib ist ärger
als der Hölle Zorn."
(30) Volksmund

"....das F I N D E T sich...!
Wunderbar ist oft die philosophische
Deutungsfähigkeit in der deutschen Sprache.
(31) H.P.

Jede Frau ist "zahm",solange sie liebt.
(32) H.P.

Ich habe Antworten auf Fragen bekommen,
die ich nie erfragt habe.
(33) H.P.

"Männer sind wie Tee -
man muß sie vorübergehend ziehen lassen."
(34) Hildegard Krekel

Man findet für die Wahrheit oft nicht die richtigen Worte,
die Wahrheit ist oft stumm...!
(35) H.P.

Jeder Mensch hat einen d r i t t e n W e g -,
seinen ureigenen eben.
(36) H.P.

Ich fühle mich oft wie ein Adler
und bin doch eigentlich nur ein Blatt im Wind.
(37) H.P.

Liebe ist kein "kosmischer" Wert !
(38) Naturwissenschaftler

Ich mußte unheimlich alt werden,um jung zu sein.
(39) Pablo Picasso

Wenn man r i c h t i g lebt,
braucht man eigentlich keinen Urlaub.
(40) Psychiater

Der Mensch lebt von der Hoffnung und von der Zivilcourage.
(41) grüne Abgeordnete

"Nur ein Narr gibt mehr als er hat."
(42) Kaufmannsweisheit

Viele Menschen führen Krieg gegen mich,
weil sie es nicht ertragen,
daß ich meinen (eigenen) F r i e d e n habe!
(43) H.P.

"Ich gehöre lieber zum "alten Eisen"
als zum "neuen Blech".
(44) H.J. Kuhlenkampff

Wer die Wahrheit spricht braucht ein schelles Pferd.
(45) chin. Sprichwort

Wenn ich auch den Tod akzeptiere,bin ich i m Leben.
(46) H.P.

Wo die Natur aufhört,beginnt erst die Kunst.
(47) Marc Chagall

Nur Narren sagen was Kluge denken.
(48) fr.n.Zit. H.P.

Die "besten Freunde":
man muß sie lieben um sie zu verstehen.
(49) H.P.

Die größte Offenbarung
ist die S t i l l e .
(50) H.P.

Die meisten Dinge erledigen sich von selbst.
(51)   chin. Weisheit

Wir sehen immer mehr
aber erkennen immer weniger...!
(52) H.P.

Was man frühzeitig säät,das erntet man auch rechtzeitig.
(53) H.P.

Es gibt kein "richtiges" Leben im F A L S C H E N.
(54) Theod. W. Adorno

Es gibt auch eine "Banalität" des G u t e n .
(55) H.P.

Der Humor ist E I N E Art, die Wahrheit zu sehen.
(56)   Sir Peter Ustinov

Erst wenn die Stirn blutet,
sitzt die Krone richtig!
(57) Bernhard Minetti

Man z e i g t keine Stärke,
man h a t sie!
(58) fr.n.Zit. H.P.

Am Anfang war die K R A F T !
(59)   Johann Wolfgang v. Goethe

Uns ist aufgegebeŋ,niemals aufzugeben.
(60) J. Buschmann + H.P.

Viele Menschen machen Eindruck,
wenige bleiben in Erinnerung.
(61) H.P.

Mein letztes Wort vor meinem Tode soll dereinst sein:
W A H R H E I T !!!!!
(62) H.P.

Womit habe ich diesen steinigen Weg,
der Wahrheit stets zu folgen,verdient,den ich
beschreiten m u ß -Es ist wie ein Fluch,
aber auch wie ein Segen,wie DER Segen überhaupt....
Es gibt keinen anderen Weg für mich,
und ich bin sehr ,sehr glücklich darüber!
(63) H.P.

Wer keinen Esel findet,
muß selbst die Säcke schleppen...!
(64) Volksmund

Man darf Güte nicht mit Schwäche verwechseln.
(65) H.P.

Routine ist der Anfang der Verkalkung.
(66) H.P.

Freunde müssen auch in der Not da sein,
nicht mit Mitleid,sondern mit Respekt und Rückendeckung.
(67) fr.n.Zit. austral.TV-Serie

Ehe oder Single?
Glücklichsein kann man   zu zweit,
ärgern muß man sich alleine (oder umgekehrt),
(68) H.P.

Der Tod ist doch nur das Ende des Lebens...!
(69) Jean Marais

Das Leiden ist besser als das Nichts.
(70) Ernest Hemingway

Wer nicht bitten kann,kann auch nicht danken.
(71) Weisheit

Du kannst nur Menschen helfen,
die sich selber helfen wollen.
(72) Zit.

Wer zu weit geht,muß auch weit zurücklaufen.
(73) fr.n.Zit. H.P.

Frauenklage: Nichts ist langweiliger,
als ein Mann,der woanders sein will.
(74) Schauspielerin

Holocaust:
Sei nie ein Täter,sei nie ein Opfer
und sei nie ein Zuschauer!
(75) Yehudi Bauer

Wenn du nicht richtig geliebt,
oder nicht richtig gekämpft hast,
war dein Leben "eine unwichtige Affaire".
(76) franz. Philosoph

Kommt Zeit,kommt "Tat".
(77) H.P.

Trend: Suchen ist OUT,Finden ist IN !
(78) H.P.

Mein Leben : Kleine Lügen und große Wahrheiten !
(79) H.P.

Die Sünden der Väter verfolgen die Söhne
und Söhnessöhne bis ins fünfte Glied.
(80) Bibel

Ein Mann kämpft immer für das,
was ihm am meisten fehlt.
(81) Zit. Piratenfilm ZDF

Viele Menschen erzählen sich eine Geschichte
und halten sie dann für ihr Leben.
(82) fr.n.Zit. H.P.

Die ganze Dunkelheit der Welt reicht nicht aus
um eine einzige Kerze zu löschen.
(83) Roman Herzog

Manche Männer reißen ein Mädchen nicht mal auf,
wenn's perforiert ist.
(84) Satire aus US-Serie "Urkel"

Es gibt den Weg der Depression
oder den Weg des "Dennoch".
(85) Psychologe

Erst wenn wir im Jehnseits weilen,
werden wir Gott wirklich kennen,
wie er uns heute schon kennt.
(86) H.P.

Man muß nicht alles glauben,
aber es ist gut,wenn man es respektiert.
(87) Weiser auf Hawaii

Ich lebe schon seit Jahren
von der geliehenen Zeit Gottes.
(88) H.P.

"Leben wie ein Überlebender"
(89) Film Graf v. Monte Christo

Der Glaube ist die Logik des Herzens!
(90) Pfarrer Kämpfert in ZDF-Serie

"....da wußte ich wieder,daß ich auf dem rechten Weg bin,
auf m e i n e m Weg,und ich wußte,
hier werde ich alle wiedertreffen,ja,
die guten Willens sind !"
(91) Pf. Kämpfert ZDF-Serie

Du mußt nicht selbst planen –
das Leben plant alles für dich...!
(92) Sonja Kirchberger

Frauen sind komische "Männer" !?
(93) H.P.

Das Wissen ist der Glaube des Geistes,
(94) H.P.

Der Zwiespalt in uns läßt uns erst überleben.
(95) August Everding

Teil der Bewegung,
Teil des Anfangs und des Endes zu sein
I S T Glückseligkeit!
(96) H.P.

....nicht zuviel nachdenken und fragen,
man könnte zu schlechten Antworten kommen...!
(97) H.P.

Die "Spiel"Geschichte eines Kindes
ist oft gleichbedeutend mit seiner Lebensgeschichte.
(98) Pädagoge

Mißgeschick:mach es wie eine Glühbirne ...
trage es mit Fassung.
(99) Uschi Disl

Man kann nur mit Gedanken richtigstellen,
was mit Gedanken falsch gemacht wurde.
(100) H.P.

Die einen l e b e n und die anderen üben nur.
(101) Inge Meisel

Erfolg ist eine Gnade,
Versagen ein Verbrechen!
(102) Volksmund

Der Glaube ist das Wissen des Herzens.
(103) H.P.

Das Wissen ist der Glaube des Geistes.
(104) H.P.

Satire:
Bist du per Anhalter hergekommen ?
Du siehst so 'mitgenommen' aus.
(105) Film m.A.Celentano

Träume deine Träume, lebe dein Leben,
und du wirst merken,daß das Leben der Traum ist.
(106) H.P.

Der stille Abgang iet manchmal der Lauteste.
(107) H.P.

Welch langer Weg für eine so kurze Strecke:
Des Menschen Leben...!
(108) H.P.

Fürchte deinen Nächsten wie dich selbst.
(109) H.P.

Kinderloser Literat:
Meine Kinder waren schon immer meine "Kopfgeburten".
(110) H.P.

Wer über die Liebe nachdenkt,liebt nicht mehr.
(111) H.P.

Ich verfasse auch Gedichte,
weil ich etwas gegen "Ungereimtheiten" habe.
(112) H.P.

Das Leben ist uns gegeben,um den Geist zu mehren.
(113) Vincent v. Gogh

Wenn man sich erinnern kann,
ist der Geist nie ohne Nahrung.
(114) V. v. Gogh

Das Beste Gott näher zu kommen
ist immer mehr Dinge zu lieben...!
(115) V.v.Gogh

Leben und Liebe sind eins.
(116) V.v.Gogh

"Das Leben ist immer nur die Saat,
die Ernte ist nicht dir."
(117) Vincent van Gogh

Ein Blatt Papier,das ich mit Worten füllen kann,
ist nicht mehr ein leeres Blatt Papier.
(118) H.P.

Einsamkeit kümmert mich nicht,
denn ich habe eine strahlende Sonne gefunden: Gott
(119) H.P.

Den Sinn im Unsinnigen und das Unsinnige
in manchem Sinn zu erkennen,
hilft dir den Gehalt deines Lebens zu relativieren.
(120) H.P.

Was bleibt nach dem Tode: Ungeschriebene Gedichte.
(121) H.P.

Ich schmiege mich nicht in die Form der Welt.
(122) fr. n. Franz Schubert

Über einen meiner Freunde:
Eher einen guten Freund verlieren
als einen Kalauer auslassen.
(123) H.P.

Gute Bücher sind wie Freunde,
denen man gerne einmal wiederbegegnet.
(124) fr. n. Zit. H.P.

Respekt ist das Herz aller Beziehungen.
(125) Soziologin Mc Williams

Wer sich nicht bewegt,
spürt seine Fesseln auch nicht.
(126) fr.n.Zit. H.P.

Jeder unausgesprochene Gedanke
kann zu einem kleinen Gespenst werden.
(127) H.P.

Das erste Opfer eines jeden Krieges ist die Wahrheit!
(128) Winston Churchill

Man muß seine eigene "Mitte" finden.
(129) H.P.

Immer hat man zuwenig oder man hat zuviel.
(130) fr. Philosoph

Liebeskummer hört erst auf wenn die Liebe ganz stirbt.
(131) H.P.

Wer bringt den Glauben -
die Narren bringen den Glauben.
(132) Talmut

Wie kann man eine Idee bekämpfen ?
Mit einer anderen Idee!
(133) aus Film "Ben Hur"

Wenn ein politischer V o r-denker
nicht richtig n a c h-gedacht hat.
(134) H.P.

Ein guter Verlierer ist besser
als ein schlechter Gewinner.
(135) H.P.

Die Letzten werden die Ersten sein,
wenn die Letzten nicht von den Hunden gebissen werden.
(136) zwei in eins: J.Buschmann

Wer Lust hat zu wetten,hat auch Lust zu betrügen.
(137) ind. Weisheit

Wer immer nur den sicheren Ausgang sucht,
versäumt am Ende den Zug.
(138) aus ZDF-Serie

Nur ,wer sich (seiner) sicher ist,
kann frei sein!
(139) Wilhelm v. Humboldt

Das 'Bessere' ist der Feind des 'Guten'.
(140) Spruch

In allem Bösen steckt auch etwas Gutes.
(141) chin.Weisheit

Der Weg ins gelobte Land führt immer durch die Wüste.
(142) fr.n. Bibel

Du kannst an das Mögliche glauben,
auf das Unmögliche kannst du nur hoffen.
(143) H.P.

Starke Religionen sind für schwache Menschen da.
(144) H.P.

Als Rockgitarist machte es mir immer Freude,
mich auch einmal mit der klassischen Gitarre
zu befassen -dann brauchte ich nicht immer so zu tun,
als sei ich ein K i n d .
(145) H.P.

Tabletten-Genuß:
Geliehene Ruhe ist keine Ruhe.
(146) H.P.

Das Glück findet im Herzen statt,
nicht in der Brieftasche.
(147) H.P.

Du mußt auch schweigen können zur 'schlechten Zeit',
um zu reden zur 'rechten Zeit'.
(148) H.P.

Wer etwas Wichtiges zu sagen hat,benutze kurze Sätze.
(149) H.P.

In der Erinnerung liegt die Erlösung.
(150) Jüd.Geistlicher

Die Menschen kennen den Preis von allem,
aber nicht dessen W e r t!
(151) fr.n.Zit. H.P.

Sage dir immer wieder:"Ich habe keine Angst!" –
dann wird dich das Böse nicht bedrängen und du obsiegst.
(152) H.P.

Es heißt Wahrheits"FINDUNG",nicht Wahrheitssuche....,
du kannst die Wahrheit also nur 'finden',sie nicht suchen.
(153) H.P.

Wenn man nur die vohandene Welt sieht,
ist man nur ein Gefangener.
(154) H.P.

Wer nicht über seinen Tellerrand schaut,
kann seinen Löffel gleich abgeben.
(155) J.Buschnann

Lebensmotto :
Wenn wir nur das sind,was wir sein sollen....!
(156) H.P.

Die Natur ist eine unberechenbare Göttin!
(157) Sophokles

Verzweiflung setzt Hoffnung voraus.
(158) H.P.

Wer die Schönheit nicht wahrnimmt,
ist ein Freund des Todes.
(159) griech. Weisheit

Ein genialer Gedanke braucht keine Worte !
(160) H.P.

Wir haben keine Zeit mehr für die Zeit ...!
(161) Zit.

Das Leben ist kein Wettlauf :
wir sollten innehalten,einer Melodie oder der Natur lauschen.
(162) H.P.

Wenn du Gott nicht findest,
hast du dich auch selbst verloren.
(163) H.P.

"Wie geht es deinem Fahrrad?"
"Mein Fahrrad geht nicht, es fährt!"
"Und wie fährt dein Fahrrad?"
"Es geht."
(164) Satire v. W. Hammelmann (hr)

Wenn die nicht bei dir ist, die du liebst,
liebe die, die bei dir ist.

(165) Don Juan

135

Wünsche sind Illusionen und binden dich nur noch fester
auf das Rad des Lebens...!!!
(166) tibet, Lama

Gegen ein schönes Lied ist der Tod machtlos.
(167) aktive Sängerin (80)

Vergeßt NIE : Ihr seid das Salz der Erde...!!
(168) Bibel

Politiker :"Als wir das Ziel aus den Augen verloren hatten,
verdoppelten wir unsere Anstrengungen ."
(169) Bert Brecht

Schreiben - das ist die Versicherung,daß es mich noch gibt.
(170) H.P.

Wie behandelt Mann eine Frau ?
Wie einen Vogel:
hält man ihn zu fest,erstickt er ...,
hält man ihn zu locker, fliegt er davon ...!
(171) fr.n.Volksmund H.P.

Du bist,weil Gott ist,
und Gott ist weil du bist !
(172) H.P.

Wenn du nicht i n d i c h gehst,
wird Gott a u ß e r s i c h sein !
(173) H.P.

Ein Mann hat nur sich selbst,
eine Frau hat die Welt.
(174) H.P.

Adventure-Seekers...???
Das Abenteuer findet (eigendlich) IM Kopf statt..!!!
(175) Sport-Psychologe

Leben magst du,
Gott kümmert sich um die Details !
(176) H.P.

Wo immer ich auch weile ....
...dort ist meine I N S E L ! `
(177) H.P.

Think BIG,think HERBIE...!
/178) H.P.

Midlife-crisis:
ich fühl mich wie zwischen Hund und Katze.
(179) fr.n. Hermann Hesse

Besser ein faules Genie,
als ein fleißiger Idiot.
(180) H.P.

Mein Lebensmotto :
" Don't worry, be 'Hippie' !
. (181) H.P.

"Das Unmögliche so zu behandeln, als
wÄre es mÖglich !"
fr. nach J. W. Goethe
(182)

" Jeder unausgesprochene Gedanke wird
zu einem 'kleinen Gespenst' "
(183) Zit. aus "El Cid"

"Es ist mehr als Wahrheit, es ist Dichtung !"
(184) Lotte Buff zu Goethes 'Werther'

" Zu 1 Teil mutig zu 3 Teilen ein Narr !"
(185) Zitat

" Sei Du selbst, alle anderen sind schon vergeben !"
(186) Oscar Wilde

"Gott, in deine Hände lege ich meinen Geist ...!"."
(187) Jesus' letzte Worte

Hinweis: Keine Gewähr bei Wiedergabe von Zitaten (Richtigkeit Urheber); da diese oftmals nur fragmentarisch im Alltag aufgespürt wurden, (Hörensagen, Medien).

Herbert Piltz